嘉慶朝

奏爲代奏淮南北商人洪箴遠等請捐銀助剿事

奴才徵瑞跪

奏爲據情代奏恭懇

聖恩俯准捐輸事據鹽運使曾燠詳據淮南北商人

洪箴遠程儉德等呈稱商等仰沐

國恩世安鹺業戴高履厚未能稍報涓埃伏查川陝

逆匪滋擾商等志切同仇久深憤結現在著名

首逆業已陸續就擒復蒙

皇上如

天好生之德特頒

諭旨勅令剿撫兼施並籌及就撫後各資生計

聖恩寛大實爲亘古未有凡賊黨脅從之衆自無不

來歸恐後餘匪指日殲除惟念大功告蕆一切

撫輯賞賚需用較繁商等感戴之私不能自已

情願公捐銀三百萬兩以備善後賞卹之用此

項銀兩應即全數解交緣貲本營運在外一時

未能辦齊請先於運庫正項及留存備撥銀内

自本年起分作兩年六次撥解商等即於今歲

已未綱起分作六綱完繳歸欵呈乞詳請代奏

等情再四籲懇由司具詳前來奴才伏念該商

等渥荷

皇仁得以營運轉輸藉資樂利伊等具有天良即捐

縻頂踵亦未能稍酬萬一今因逆匪蕩平藉伸

報効蟻悃察其情詞懇切實出至誠奴才不敢
壅於上
聞謹恭摺據情代
奏仰懇
恩准賞收以遂其急公踴躍之誠所有此項銀兩先
於運庫内撥借即行委員按次解交部庫撥用
合並陳明伏乞
皇上睿鑒謹
奏
即有旨
嘉慶四年三月二十日

奏報兩淮無借捐餉之名私增鹽價事

再奴才於本年二月間因淮南總商洪箴遠等
前次未蒙
賞收銀一百萬兩仍懇奴才再為據情代
奏仰求
天恩賞收嗣於三月初三日接到户部劄開奉
上諭前據佶山奏稱商人等聞大功告成情願捐輸
銀二百萬兩以備賞需當經加恩賞收銀一百萬
兩給予議叙已足遂其報効之忱何必再為瀆請
現在浙江鹽務有職員張江梅控告以該運使借
捐餉為名私增鹽價一案兩淮鹽務或有似此加

價累民之事亦未可定所有此次奏請賞收該商
等捐輸銀一百萬兩之處不准行等因欽此奴才
當即傳齊衆商敬宣
諭旨該商等俯伏叩頭無不感悚交并隨口稱商等
世業淮鹺久沾
恩澤前聞川陝楚大功告成情願捐輸銀二百萬兩
稍伸報効之忱止蒙
賞收銀一百萬兩仰荷
寵錫議叙商等感戴實深是以復懇再為代
奏仰求
天恩俯准全收以遂蟻悃所有捐輸之項實係商等
經紀餘利至各岸鹽價自乾隆五十三年由大
學士公阿桂等
奏定之後歷久遵行祇有因岸銷疲滯之處賣價
不能足額從未有私增累民之事商等受
恩深重何敢貪圖微利自蹈重愆等語奴才察其詞
色實出真情且奴才自蒙
簡畀兩淮以來凡各岸行銷鹽價隨時稽察並據各
地方官稟報均於定價間有賣不足額實未有
增價之處今浙省既有張江梅控告之案奴才

亦不敢因淮商現無增價之事即心存懈怠仍
當不時查察倘有似此弊竇惟有據實
奏請嚴辦以期仰副
皇上惠愛黎元庶不負
聖主重任之至意理合恭摺附陳伏乞
睿鑒謹
奏

不必煩瀆只要實力辦理無悞國課為要

佶山
嘉慶八年二月二十六

奏爲纂修兩淮鹽法志書請展限覆校事

奴才佶山跪
奏為纂修鹽法志書懇
恩展限事竊照兩淮鹽志一書奴才於嘉慶七年七
月
奏請纂修並請將纂校謄録各事宜即在分發兩
淮試用運判大使各班人員內擇其文理通順
明白鹽務者令其自備資斧分任其事定限二
年告竣依限書成再行奏懇
皇上天恩量予先行補用仰蒙
恩准在案今查自開局纂辦以來扣至上年八月已

屆二年限滿應即纂修完竣惟緣兩淮鹽務引
多岸廣欵目紛繁自乾隆十三年前鹽政吉慶
奏請纂修之後迄今五十餘年所有一切案卷歷
年久遠查辦較難兼以事關六省往返咨查未
免有需時日致弗克依限告竣奴才曾於上年
咨部展限部覆未准仍督催該委員等上緊辦
理茲雖據纂校成書尚恐有遺漏舛錯之處必
須逐細覆校後方可敬録黄本恭呈
御覽奴才不敢因已逾定限稍事草率惟有仰懇
聖恩於
奏准定限二年之外再
准展限年半俾該委員等悉心校閱酌量增改務期
咸臻妥善明春纂校完竣實已逾限不敢邀
恩議叙而辦理遲延之咎懇求
聖恩寬宥則承辦各員均感激
鴻慈於無既矣所有應須展限覆校緣由謹恭摺
奏懇伏乞
皇上睿鑒謹
奏

依議該部知道

嘉慶十年十一月　二十八　日

奏報到任接
印日期事

兩淮鹽政奴才額勒布跪

奏為恭報奴才接印到任日期叩謝

天恩仰祈

聖鑒事竊奴才於嘉慶十年十二月二十日長蘆鹽政

任内欽奉

恩旨調任兩淮鹽政當經繕摺具

奏即趨赴

闕廷瞻覲

天顏疊蒙

召見

聖訓周詳無微不至敬聆之下感激服膺旋即

陛辭出京於正月二十四日行抵清江浦遵

旨前赴鮑營河勘查河工業於侍郎臣戴均元等摺

内附片奏

聞在案容俟奴才會同督臣鐵保另行詳晰恭摺具奏

外奴才即於二月初三日行抵揚州據護理鹽政

運司曾燠委員賫送兩淮鹽政印信及一切文

賫前來奴才隨恭設香案望
闕叩頭祗領任事伏念兩淮鹺務最為繁重凡緝
私疏引裕課卹商在在均關緊要奴才惟有恪遵
聖訓首務裕商設法嚴緝私販竭盡駑駘益矢慎勤
諸事認真據實不敢稍涉含混踈懈以期仰報
高厚鴻慈於萬一所有奴才接印任事日期除恭疏題
報外理合繕摺具
奏叩謝
天恩伏乞
皇上睿鑒謹
奏
實心勉力裕國恤商清慎勤三字時刻莫忘
勉之
嘉慶十一年二月初五日

奏報纂修兩淮鹽法志告成事

兩淮鹽政奴才額勒布跪

奏為纂修兩淮鹽法志告成恭呈

御覽仰祈

聖鑒事竊照兩淮鹽法志自乾隆十三年纂修後已逾五十餘年嘉慶七年經前任鹽政奴才佶山派委鹽屬試用各員

奏請續纂正限二年屆滿復請展限年半令限內依期辦竣申送佶山核定因值卸事發交運司曾燠趕繕黄冊並另繕副本照例呈送户部詳請具

奏前來奴才謹委差賫京恭呈

御覽再前屆纂修係撫臣撰序此次應否仍交督臣撫臣撰序恭候

欽定合併陳明伏乞

皇上睿鑒謹

奏

書留覽着鐵保撰序

嘉慶十一年四月　十四　日

奏報會勘籌
議兩淮鹽運
道路情形事

臣鐵保臣戴均元臣徐端臣額勒布跪
奏為遵
旨查勘籌議覆
奏仰祈
聖鑒事竊臣等於八月十九日欽奉
上諭此時鮑營河水勢既大而向來所開鉗壩亦俱
漫溢則鹽斤從何轉運商民均多未便著鐵保戴
均元徐端額勒布會同悉心體察將現在淮北口
岸如何籌運以濟民食及黃河改道後場竈有無
關礙如何變通辦理仍令商民兩便之處妥酌章
程定議速奏等因欽此欽遵仰見我
皇上垂廑河防兼籌商民兩便
訓諭諄諄之至意臣額勒布即於九月初一日抵浦
會同督臣鐵保河臣戴均元臣徐端詳細講求籌
畫務期疏通鹽運無礙場竈事事悉臻周妥仰慰
聖懷伏查五月初旬王營減壩開放冲刷遥堤黃水
直注鮑營河水勢瀰漫誠恐有妨運鹽道路先
經臣額勒布委令運司曾燠臣鐵保等飭派淮

揚道鰲圖帶同海州運判鄧諧前往分投查看
並飭委員等隨時酌量令各商不拘何路可走
即由何路開行一面具稟一面即飭多催船隻
迅速裝運赴所以資岸食嗣據各該員等先後
稟稱鹽船運行共有三路一由鹽場舟運至佃
湖盤壩從正河轉運但現在正河水淺不無停
阻仍設法籌運俾不致虧折商本一由莞瀆河
入鹽河因行抵水新工上游斷溜水無來源亦
已停阻查黄河北堤之外有積水十餘里往年
本從大壩開放以消漫水今照舊啓放洩入鹽
河即可浮送所有水新工停泊鹽斤業經飭令
各商陸運至永豐包垣計共運到數百引一由
新河直走張家河出減壩口門並無紆廻惟此
時水勢浩瀚不分崖岸須乘風運送而中間畧
有水淺二三尺之處祗須稍為起剝即可遄達
商人因見運工柴船由此行駛尚稱穩便是以
亦欲從此行走業經裝載開行以上運鹽三路
據各該委員具稟情形無異 臣等遵奉

諭旨會同前赴鹽河至安東新安鎮一帶逐段履勘
悉心籌畫鹽船惟有此三路並運尚可接濟岸
食當即飭令分路裝載隨時開行運送又據商
人鮑有恒等稟稱現在積引未運尚有一二十
萬僅此三路運行恐不敷接濟擬由場捆裝載
海船從內洋直達焦山進口計程一千五百餘
里東北風順極為便捷各場海貨等物常川運
至蘇松從無失事現請先裝數引由海船試運
一次等語臣額勒布先經派員查勘呂四場近
海一帶洋船絡繹往来甚為穩便鹽船儘可行
走臣等因思該商既屬情願由海裝運試行只
可聽其自便俾資挈運至場竈為產鹽之區最
關緊要查板浦中正兩場其被淹各竈尚未涸
出惟臨興一場其曬鹽坍池地勢較高未經淹
及将来冬煖晴和之時仍可曬掃其三場存垣
鹽數係竭力圈築圩圍保護並未淌沒目下足
敷起運至将来黃河如果改道於鹽場有無妨
礙之處此時難以定準容俟霜降後水勢減落

曉諭阮元辭官及雲梯關一帶疏浚事

溜行歸併臣等再行親往察看形勢另行從長
計議妥定章程奏
聞辦理所有臣等會勘籌議鹽運道路情形先行恭
摺具
奏伏乞
皇上訓示謹
奏

另有旨

嘉慶十一年九月初七日

軍機大臣 字寄
兩江總督鐵 嘉慶十一年十月二十九日奉
上諭鐵保奏接准阮元札會據稱伊連年有脾濕之
疾身患瘡癬精神不能貫注懇將福建巡撫員缺
另行簡放並請照金革無避之禮許伊或往閩省
籌捕蔡逆或往陝省帮辦軍務等語（硃：所奏非是）前因福建巡
撫缺出該省現在剿捕蔡牽籌辦一切甚關緊要
是以特將阮元簡放用資督率正與禮經所云金
革無避之條相合今阮元以患病籲辭巡撫而又
援禮欵往閩省或往陝省幫辦軍務陝省寧陝叛

匪早經臨陣乞降已據德楞泰辦理竣事至壽捕
蔡逆即係地方之責凡堵禦搜緝事宜均須大吏
調度指示呼應方靈若辭退巡撫則以事權不屬
之人前往從戎有何裨益且伊既係病軀亦難資
其替飭此時竟無庸令其赴閩著鐵保遴派親
信道府大員帶同醫士前往阮元家中診視伊所
患係何病證如何用藥調治之處詳細聲覆如果
患病屬實未能即痊即行據實奏明俟伊病痊服
闋來京另候簡用若阮元竟有捏病推諉情事即
應據實參奏勿稍徇隱（即速具奏）又據奏現辦郭工情形及
硃

催儹回空事宜摺內稱鐵保戴均元當即會同先
赴減壩以下親勘新河是否尚可商辦並查明舊河實在
淤淺處所斟酌遲速難易需費若何再行定議具奏等語海口改
道一節前據該督等奏稱現在碩項湖蒙沂各水滙注之處尚屬湖河一片
涸灘甚少驟難施工等語看來事屬難行已諭令
不必再為觀望即當將雲梯關故道趕緊預籌並
將需費錢粮若干比較多寡及辦理難易之處迅
即奏聞試思此時已將冬至轉瞬開春二月間桃
汛即至尾閭去路必當及早籌量以杜後患若新
河實不能辦即當將雲梯關一帶及早疏濬深通

使故道可資暢注大局既定然後堵築減壩䟽消
下游積水等事方可以次經理即此時赶辦已覺
稍遲且即以漕運而論此次回空幫船轉因郭工
未經堵合黃水入湖澄清暢出藉得資其浮送指
日漫工堵合設来春清水稍弱則重運北来恐不
免復行淤阻又將如何辦理至盐河轉運民食攸
賴海運亦非長策且場竈被淹處所甚多此係財
賦所出關係尤為不小況閘減壩下游一帶被水
之區災民久已失所如改道既不能辦又不早籌
涸復田廬耕種失時遷徙流離更堪軫念該督等

現往履勘明晰務當遵照節降諭旨察看新河果
難改移即將雲梯關一帶如何施工疏濬需費若
干其辦理先從何處着手詳細核明迅速具奏切
勿再有因循觀望稍涉游移致滋貽誤為要此一
節並諭戴均元徐端知之欽此遵
旨寄信前来

奏爲遵旨派候補道李弈疇帶醫士赴揚州驗看阮元病勢據實覆奏事

兩江總督臣鐵保跪
奏爲遵
旨派員驗看阮元病勢恭摺覆
奏事竊臣欽奉
諭旨著即派親信道府大員帶同醫士前往阮元家
中診視所患病症即速具奏等因欽此遵即派委
候補道李弈疇帶醫前往揚州診視先經附片
奏明在案茲據該道回浦稟稱遵於初六日帶同
淮安醫生楊曙堂行抵揚州面見阮元細詢患
病情形據稱連年因南中地氣潮潤受有脾濕
之疾回籍後料理喪葬諸事不能靜養雖調治
年餘總未見效心煩氣滯飲食不消又兼瘡癬
不時腫發以致精神亦甚疲憊並檢出節次所
服煎丸及洗藥方二十餘紙當令同往之楊醫
生詳細診視診得左脉沉弦右脉細軟脾濕所
致氣分亦虛宜用調中益氣湯加減治之並又
悉心察看阮元現在面目消瘦語言之際精神
亦不能十分貫注委係患病未痊屬實並無捏

飾合將新舊藥方帶呈核奪並據阮元面稱阮
元受
恩深重蒙
簡畀福建巡撫本應即日就道因念舊疾未能脫體
恐該省政繁事劇照應不能周到有悞封圻重
任又以該省現有籌補事宜即係金革之事不
敢拘泥服制未終情願前往帮辦呈請據情代
奏茲蒙
皇上垂念病軀將員缺另行
簡放並派員診視聞
命之下感激涕零阮元惟有息影墓廬上緊調治痊
愈一俟明秋服闋馳詣
闕廷叩謝
天恩求
賞差使此後犬馬餘生冀仰報
高厚鴻慈於萬一乞轉請代
奏等因據稟前來伏思阮元受
皇上深恩不數年間用至巡撫正宜努力公事稍報

涓埃如果捏病推諉即屬昧良負
恩茲據該道驗明患病屬實並查取醫方脉案呈送
到臣除將新舊各方摘繕清單恭呈
御覽外所有診明阮元患病未痊緣由謹據實覆
奏伏乞
皇上睿鑒謹
奏
知道了

鐵保　巡撫阮元患病屬實由
奏　○清字一　十月二十日
兩江總督臣鐵保跪
奏為遵
旨派員驗看阮元病勢恭摺覆
奏事竊臣欽奉
諭旨著即派親信道府大員帶同醫士前往阮元寓中
中詳視所患病症即速具奏等因欽此遵即派委
候補道李奕疇帶醫前赴揚州詳視先經附片

奏准吏部咨抄諭旨回浙，字寄遂于初六日帶同
醫生楊曜至乃往揚州面見阮元，細詢患病情
形。據稱連年因南中地氣潮濕，受了脾濕之疾，
因務擁辦理喪葬許多，不能靜養，雖調治年
餘，總未見效，心煩之氣滯，飲食不消，又兼瘡癬，此時
腫脹以致精神亦甚疲倦。並檢出節次所服並
丸方、洗藥方二十餘紙，當令同往之楊醫生詳細
診視。診得右脈沉弦，右脈細數，脾濕所致氣鬱不
和，宜用調中益氣湯加減治之。並又患心發
查阮元現在面目消瘦，語言之際，精神亦不能十
分貫注，委係患病未痊，實並無捏飾。合將
所查藥方另呈御覽。並據阮元面稱：阮元受
恩深重，
簡畀稍違巡撫寺後即日就道，因念舊疾未能脫體，恐
誤有致緊要之劇，以至不能周到，有誤封圻重任。
又以精有現需補之實，即係金華之事，不敢稍
涉服制未終，情願前往帮办，呈請揀授代
奏。欽蒙
皇上垂念病軀，特頒賞塊勞乃
簡放，並派員診視，實
命之下，感激涕零。阮元惟有息影鄉墓廬，上緊調治，痊
愈一俟明秋服闋，馳詣
闕廷叩謝。

天恩求
賞差使此誠犬馬餘生莫仰報
高厚鴻慈于萬一乞賜轉代
奏等因據宗芳來伏思阮元受
皇上深恩不次擢用至巡撫正宜努力公事稍報涓
埃如果捏病推諉即屬昧良負
恩榮據該道驗明患病屬實並將查取醫方脈案呈
送到臣除將新舊各方摘錄清單恭呈
御覽外所有訪明阮元患病未痊緣由謹據實覆
奏伏乞
皇上聖鑒謹
奏
嘉慶十一年十一月廿日奉
硃批知道了欽此

青旨

奏請撙節公費以減派款而培商本事

兩淮鹽政奴才額勒布跪

奏為撙節公費以減派款而培商本事竊查務本堂公費一項原係商捐商用商借商還如上年借用數多則下年按引多派用少則下年少派歷年運商成本俱視此數為增減故商人勉力辦公咸願少借少用俾下年按引少攤以輕運本此歷來辦理之大概情形也嘉慶六年曾蒙

恩旨停止呈進玉器衆商情願按年交銀五十萬兩嗣因許吳氏控案經前督臣費淳奏定

賞借一項每年以一百二十萬兩作為定數而此五十萬兩是否在內未曾聲叙嘉慶七年前鹽政佶山奏明該年公費于一百二十萬兩內節省銀三十萬兩湊觧川陝軍需将玉貢銀五十萬兩另行專款派納並聲明俟軍務告竣再請将節省之銀給與商人湊交玉貢自此每年通河派帶公費銀一百七十七萬至一百七十五萬兩不等奴才到任後屢蒙

聖諭裕課恤商奴才于接見衆商時諄諄告誡裁除浮

費禁革奢靡各商俱知節儉自矢茲據總商鮑有恒等稟稱丙寅年辦公約計一年只須七十萬兩足敷支用等語是實於九十萬兩辦公之内節省銀二十萬兩丁卯年各商連玉貢節省統計止須共帶公費銀一百五十萬兩已較前少派銀二十餘萬兩運商成本稍輕于前至佶山原奏節省銀三十萬兩聲明俟軍務告竣即將此項銀兩給與商人湊交玉貢茲據各商稟稱去年陝西勦捕事宜善後自有支款情愿再

帶一年以抒悃誠統于戊辰年再行遵照原奏
賞歸玉貢則是自戊辰年為始辦公玉貢統計每年止用公費銀一百二十萬兩適符嘉慶六年費淳奏准一百二十萬兩之數永為定制此内再有節省次年再行少派如有另款支用再由商專案另呈動借此
皇上格外恩施培卹商本實為優渥至於商人遇有抒誠報効之請是出自伊等樂輸之忱咸知竭力不在派帶之内孥受

恩深重理應矢慎矢勤（勉之）仰體
皇仁培固商人元氣茲辦及一年謹將撙節調劑情
形不揣冒昧據實陳奏伏乞
皇上睿鑒訓示施行謹
奏
覽奏俱悉
嘉慶十二年正月　二十五　日

奏為奉旨補授兩淮鹽運使謝恩事

管理鳳陽關稅務盧鳳道奴才德慶跪
奏為恭謝
天恩事竊奴才於前月進京引
見得以瞻覲
天顔跪聆
聖訓面奉
諭旨即行回任遵即束裝就道於四月二十五日回
任接印當經恭摺
奏報在案茲於五月初四日接到邸抄欽奉

上諭兩淮鹽運使員缺著德慶補授欽此聞
命之下感悚難名奴才以內府世僕仰蒙
聖主恩施逾格擢用道員到任五年毫無報稱兢惕
方深茲復蒙
恩陞授兩淮運使伏查兩淮為鹽務繁區運司為錢
糧總滙責任綦重報稱維艱奴才惟有事事實
力實心以冀仰報
高厚鴻慈於萬一奴才俟新任廬鳳道廣泰到任交
代清楚即赴兩淮新任外所有感激下忱謹繕
摺恭謝
天恩伏乞
皇上睿鑒謹
奏
實心辦事實力稽察熟鬧場中須以冰心
鐵面任事勉之
嘉慶十二年五月初六日

奏請在揚州府城添設緝私專營事

臣鐵保臣額勒布跪

奏為請設緝私專營以重責成以靖地方恭摺奏

聞仰祈

聖訓事竊查淮揚通海一帶沿海濱江本係五方雜處又因兩淮鹽商托業于斯財賦之區且爪儀一帶為千百萬鹽船捆築聚集之所無籍遊民最易托足始則結夥販私漸至倚衆拒捕甚為地方之害臣鐵保到江後屢飭查拏曾經嚴辦數案梟販稍知斂跡而留心訪查究不能驅除淨盡急宜立法整飭以絕梟販而靖地方伏查淮揚通海四屬地處海疆在在皆產鹽之區即在在皆聚梟之處雍正年間雖于青山三江二處設立守備各一員及江都縣之馬家橋甘泉縣之邵伯北壩僧道橋等處分設把總一員專司緝私但職微兵少止能顧所管汛地又無專管將官督查未免懈弛其餘營汛各有城守地方及分防事務凡遇過往餉鞘犯人並一切奉文撥護差使均應派兵押送雖亦有緝私之責終難兼顧而揚州僅設遊擊一員近又改隸漕標加以催儹重空糧船差務存城兵丁無幾運

庫存貯
帑銀動盈數百萬尤不可不慎重防守臣等確按
情形再四熟商今昔不同非添設弁兵不可惟
僅議酌增兵弁或將揚州遊擊改為副叅亦可
稍壯聲威但仍辦地方營務差使于緝私究難
專力惟有仰懇
皇上天恩于揚州府城添設鹽捕專營統以遊擊一
員添設守備一員千總二員把總四員兵丁六
百名專司緝拏私梟歸總督統轄就近聽鹽政
調度其原設青山三江二營守備及馬家橋邵
伯鎮北壩僧道橋三汛把總亦統歸該遊擊兼
轄所有過往撥護催漕一切差使與承緝命盜
案件仍歸各本營管理責令該遊擊督率備弁
於梟徒聚集之所分投偵緝遇有大夥私販即
酌派弁兵密往查拏總以獲私之多寡定其優
劣分別黜陟如此責成既專兵力加厚庶梟徒
不敢肆行地方亦免擾累之患臣等正在具
奏間據運司德慶詳稱近年仰蒙
皇上天恩裁減浮費每年節省實多從前設立青山
三江二營官兵俸餉馬匹軍械衙署等項皆於

淮南淮北清出巡費裁存屯船陋規等項銀內
支給今蒙增設鹽捕營所有俸餉馬匹等項每
年所需銀一萬一千餘兩米二千一百餘石及
建立衙署與青山三江二營專為緝私設立事
同一例應請即在裁減浮費項下充用核計有
盈無絀毋庸另籌款項等情前來臣等伏思我
皇上加惠商民
恩施無已事果有益民生即億萬
帑金亦所不惜今添設官兵數百名所費無幾原
無難開銷正項但此項營兵原為緝私衛商而
設是以從前青山等營經費俱于運庫支銷今
該司既援照前例具詳陳請似屬可行相應據
實奏明請
旨如蒙
俞允所有應建衙署軍械及一切事宜容臣等另行
籌議具
題臣鐵保路經揚州與臣額勒布面加商議意見
相同謹合詞恭摺具
奏伏祈
皇上睿鑒

曉諭將高旻寺等處方丈更替等事皆由地方官管理

訓示謹
奏

大學士軍機大臣會同該部議奏

嘉慶十二年十一月二十八日

嘉慶十四年二月二十七日內閣奉

上諭據舒明阿奏請將揚州各府屬之高旻等寺更替方丈僧人均歸地方官管理等語江南金山寺方丈僧人向由織造衙門點充經吳璥等奏准改歸地方官經管今舒明阿奏請將高旻等寺倣照畫一辦理著照所請揚州府之高旻寺天寧寺蘇州府之怡賢寺常州府之崇恩寺均照金山寺新定章程每届更替方丈各由本寺公舉熟修年久戒行謹嚴僧人報明本管府縣官查驗結報督撫衙門核准承充以資約束欽此

奏爲淮南淮北綱食引鹽加鹽十斤請再予展限三年事

奴才阿克當阿跪

奏為加斤限滿據情籲懇
天恩再予展限以紓商力仰祈
聖鑒事竊查兩淮綱食引鹽前於嘉慶十年因場竈
被水蒲草歉收援照乾隆十三年之例
奏請加鹽十斤不入成本以補虧折經部議覆以
三年為限自丙寅綱起至戊辰綱止迨至嘉慶
十三年戊辰綱限滿緣洪湖異漲各場被淹蒲
草仍屬歉收又經
奏請展限三年欽奉
恩准展至辛未綱止嗣辛未限滿又緣庚午一綱江
廣引鹽銑銷加以場竈被災鹽價倍昂復經
奏請自壬申綱起至乙亥綱止展限四年欽奉
恩旨准將淮南淮北通綱鹽引加斤再行展限四年
自壬申綱起至乙亥綱止俾得將盈補絀以紓商
力該部知道等因欽此欽遵各在案茲屆乙亥綱
限滿據兩淮鹽運使劉澐詳稱據淮南淮北總
商鄒同裕汪立達等呈稱嘉慶十年
奏准加鹽十斤又經兩次
奏蒙

奏爲承刊欽定全唐文在事諸臣及附近江浙官紳冀得捧函快誦請賞准各臣分印事

再 奴才承刊
欽定全唐文一千卷告成於刷印樣本時在事諸臣
及附近江浙官紳等無不聽聞踴躍欣獲恭讀
御製序文益仰
聖學高深欽悟立言之道實為心傾目羨感服難名
併以是書為冊府鉅觀均請自備紙墨工價各
印一部冀得捧函快誦 奴才未敢擅便可否
賞准各 臣 分印之處出自
皇上天恩 奴才恭候

訓示遵行謹附片奏
聞謹
奏

另有旨

阿克當阿
嘉慶廿一年十月二十七日

隨同監看立限飭催茲屆刊刻一律蕆工合即
刷印裝訂按次貯函以歸完善伏思是書集盈
千卷仰蒙
御製序文允昭雲漢天章之盛謹已摹刻冠諸編首
海寓文人無不爭先快覩慶幸非常續准文穎
館咨開館臣銜名入書併行知欽奉
恩旨以兩淮監刊諸臣准列銜名於館臣之後奴才
等素慚固陋已欣在事爲榮乃荷
鴻慈逾分
特准附名簡端感悚歡承名言莫罄現在敬備錦套
陳設本二十四部每部一百套又石青杭細套
賞賚本一百部遴員齎交館臣查檢進
呈其奉發正副各本一併恭繳所有刻成全唐文
板片請存貯運庫以備將來奉
旨傳用就近刷印所有全唐文校刊完竣裝函進
呈緣由理合恭摺具
奏伏乞
皇上睿鑒謹
奏

另有旨

嘉慶二十一年十月　二十七　日

奏爲代奏皇上六旬萬壽淮南總商鄒同裕等願報効銀三百二十萬兩分年呈進事

奴才阿克當阿跪

奏爲據情代奏仰祈

聖鑒事竊據淮南總商鄒同裕等呈稱商等渥荷

皇恩獲安世業凡此居恒樂利莫非

高厚生成嘉慶二十四年恭逢

皇上六旬

萬壽當

壽域之宏開頌

純禧之益懋普天同慶率土臚歡商等受

恩深重報効情殷請公捐銀三百二十萬兩分年呈

進以備

慶典應用等情由鹽運使劉澐詳請具

奏前來奴才伏查該商等生逢

盛世幸際

昌期感戴

鴻慈淪肌浹髓茲以情殷祝

嘏志切抒忱環庭籲懇奴才不敢壅於

上聞謹據情代

奏伏乞

皇上加恩賞收以遂其歡欣踴躍之忱如蒙

恩准奴才飭令該商等按年呈
進敬備
慶典應用爲此據情恭摺具
奏伏乞
皇上睿鑒謹
奏
另有旨
嘉慶二十二年二月　初九　日

奏爲遵旨覆奏委員勘查高郵寶應等處被水情形及疏消積水等事

兩江總督臣孫玉庭
江蘇巡撫臣胡克家　跪
奏爲欽奉
諭旨先行恭摺覆
奏事竊臣等於本年八月十六日承准軍機大臣
字寄嘉慶二十二年八月初六日奉
上諭熙昌王引之奉差回京奏報沿途地方情形據
稱高郵寶應等處濱湖低窪田畝因湖水漲盛間
有漂浸該州縣業經稟報查勘等語高寶田畝被
淹該督等自已接據稟報着孫玉庭等即派員詳
晰履勘查明是否成災如有應行撫卹之處即行

據實具奏不可諱飾其積水之區並即設法疏消
早期涸復又御史蔣詩奏鎮江運河水淺徒陽河
旁有九曲河一道長四五十里向係民挑其水有
源流入運河挑濬深廣足資充沛又外濠壩內有
河一道其源為金壇河溧陽高淳諸水皆由此滙
流入運若加挑濬尤為源流廣遠等語並着孫玉
庭等派員勘明九曲金壇兩河來源是否旺盛若
疏濬深通是否足資濟運一併查明覆奏將此諭
令知之欽此遵
旨寄信前來臣等跪讀之下仰見
皇上軫念民依慎重漕運之至意伏查本年江南地
方入夏以後雨水調勻蘇松常鎮太五府州所
屬農田禾苗均資長養臣孫玉庭此次由蘇旋
寧經過蘇州常鎮等處察看在田早稻一律飽
綻將次刈穫晚禾亦漸吐秀結實可期稔收民
情歡悅地方寧謐並據各該縣稟報核計收成
約有八九分不等均足仰慰
聖懷惟江北淮揚徐州等府濱臨河湖一帶因夏間
雨水過多低窪田畝間有被淹之處業經臣等
據報飭司分別委員確切勘明是否不致成災

作速議詳核辦聞茲欽奉
諭旨臣等遵復派員馳赴高郵寶應等處及前報被淹各州縣詳晰履勘查明是否成災如有應須撫卹之處作速詳覆臣等即當據實奏懇
恩施斷不敢稍任諱飾其積水處所亦飭設法疏消以冀及早涸復至徒陽運河先經臣孫玉庭於給事中陶澍條奏修浚事宜案內查明應修應緩工程奏請分別查辦已蒙
聖明允准現在趕緊辦理其九曲金壇二河從前未經議及如果源流廣遠自應一併挑濬以期濟運利漕臣等現委常鎮道王逢源馳赴各處督飭地方官詳加履勘是否來源旺盛足資濟運俟詳覆到日臣等覆核明確一併奏請
訓示遵行所有臣等欽遵查辦緣由謹先恭摺覆
奏伏乞
皇上睿鑒謹
奏

知道了

嘉慶二十二年八月　十八　日

奏報總商黄潆泰充當淮南首總事

臣孫玉庭
臣阿克當阿　跪

奏再兩淮首總為衆商領袖有督催課運之責向
定為三年更換專案咨部歷今整飭鹺務之際
尤須首總得人淮南首總鄒同裕因年限已滿
有須另僉茲據運司劉澐詳稱查有總商黄潆
泰先曾充當首總因年輕未孚衆望稟退另僉
現查該總商老成練達明白鹺務督率各商趱
辦課運並無惰欠通河悅服堪以接充首總前
來臣等除批飭遵照仍責成將現定章程董率
各商妥協辦理一面照例咨部外謹附片
奏明伏乞
睿鑒謹
奏

覽

兩江總督孫玉庭江蘇巡撫陳桂生
嘉慶二十三年二月廿九日

奏爲遵旨辦理改裝全唐文書函并分赴江浙文匯等各閣安放事

奴才阿克當阿跪

奏爲遵

旨辦理恭摺具

奏事竊奴才於嘉慶二十三年十一月十四日接

奉總管内務府大臣英和傅諭嘉慶二十三年

十月二十九日奉

上諭阿克當阿所進全唐文每部一百函每本皆有襯紙未免函數較多茲將内府陳設各部撤去襯紙每部改裝五十函其陳設文淵文源文津文溯四閣各五十函皆倣照四庫全書用木匣裝貯刊刻題籤灰粉填字因思江蘇之文滙文宗浙江之文瀾皆當一體添貯著阿克當阿即將前次奏留全唐文板片刷印三部倣照四閣式樣辦理不必歸入排架以免更動移置可將此書於寶座兩旁之條案上與四庫全書總目一同陳設並將御製讀全唐文詩發去即行刊刻刷印添於原序之次

欽此並奉發

御製讀全唐文詩三頁奴才遵

旨將前次奏留全唐文板片刷印三部謹將
御製讀全唐文詩照依原樣敬謹刊刻刷印添於原
序之次每部改裝五十函做照四閣式樣用木
匣裝貯刊刻題籤灰粉填字遴委妥員同該管
官商恭齎赴文滙文宗二閣各陳設一部於
寶座兩旁之條案上與四庫全書總目一同陳設
其浙江之文瀾閣一部委員齎交浙江撫臣程
國仁兩浙鹽政廣泰一體陳設所有遵
旨辦理緣由謹恭摺具
奏伏乞
皇上睿鑒謹
奏

知道了

嘉慶二十四年正月　二十五　日

奏報查明淮商捐輸各案已未完銀數事

奴才延豐跪

奏為遵

旨查明淮商捐輸各案已未完銀數及現在分别辦

理緣由恭摺覆

奏仰祈

聖鑒事竊奴才於嘉慶二十四年十二月二十四日接

准軍機大臣傳諭嘉慶二十四年十二月十七

日奉

上諭據吏部奏各商陸續捐輸等項節經奉旨交部

議叙各案除兩淮商人於九年捐輸衡工合龍需費及十五年捐輸製造江廣撥船經費兩案均經該鹽政奏明不敢仰邀議叙外其兩淮商人自五年起至二十一年止共有捐輸十五案粵東洋鹽各商自五年起至十四年止共有捐輸九案兩浙商人自四年起至十六年止共有捐輸十二案長蘆商人自十一年起至十六年止共有捐輸四案俱早經限滿節次行催皆未造冊送部等語各商人歷次捐輸銀兩有已經完納者有屢經展緩至

今尚未起限者著該總督鹽政監督等查明前項
捐輸銀兩如已經全數完繳者即將該商等銜名
確實查明造册咨部議叙其未經完繳者一面飭
令該商等按限完解一面將歷屆請展尚未歸還
墊款緣由咨明吏部以備查覈將此各諭令知之
欽此遵
旨傳諭到奴才遵即督同兩淮鹽運使劉澐詳查檔案
兩淮商人自嘉慶五年起至二十四年止共有
捐輸三十案通計捐銀四千零二十五萬餘兩
截至戊寅綱止已完銀二千三百七十二萬餘
兩未完銀一千六百五十二萬餘兩均經
奏明展限自己卯綱起至癸巳綱止分限繳完內
計全完十三案除未經奏
旨議叙四案又前經
奏明不敢仰邀議叙二案暨已奉議叙三案不計
外現有已經全完應行議叙者四案又尚未全
完曾經
奏明展限十七案內除未經奏

旨議敘四案不計外其曾奉
恩旨賞給議敘者計十三案拏現飭運司將已經全
完應行議敘者四案同二十四年公捐武陟工
需奉
旨交部先行議敘一案查明完銀各商銜名造冊詳
咨吏部覈議一面將展限未完各案飭催各商
按限趕緊繳完並將歷屆請展尚未歸墊十七
案一併造具清冊咨部以備查覈謹將淮商捐
輸各案已未完銀數並恪遵
諭旨另行分別咨部欽遵察辦緣由謹繕摺覆
奏並將奉
旨議敘各案分別已未全完另繕簡明清單恭呈
御覽伏乞
皇上睿鑒謹
奏
該部知道
嘉慶二十五年正月 二十一 日

道光朝

奏爲特參寶應縣知縣許知機護送琉球國貢使耽延請交部議處事

臣孫玉庭臣韓文綺跪

奏為琉球夷使過境因值水路風烈冰凍飛飭沿途料理登陸並將護送耽延之知縣恭摺奏叅

請

旨交部嚴議事竊照琉球國遣使入

貢自閩浙入江蘇境歷由水路至清河縣由王家營登陸北上應攢行抵京以副元旦

朝賀之期臣等前接閩省咨會先期派委文武各於交界處所迎護嗣據委員署揚州府總捕同知李嘉奎會同青山營守備徐長泰申報於十二月初三日准蘇州候補通判督徠護送至丹徒閘口該員等當即迎護前進臣等查丹陽運河彼時正值築壩挑濬當飭該地方官妥為照料兹據福建護送委員邵武府知府錫霖等稟稱本月初三日由丹徒閘迂道渡江適值連日陰雨西北風起不能前行初四日瓜洲開船風逆溜急僅行四十餘里初六日攢抵高郵住宿風更狂烈河冰凍結三寸有餘該州親帶搖凌船四隻開路前行初七日即過界首驛係寶應縣管轄詎冰凝愈厚寸步難行該員等將各船

水手派撥十餘名幫同地保竭力打冰儹行費盡兩日之力始抵二十里之汜水口冰益堅厚地保鄉夫盡皆散去專丁至縣面催赶辦該縣並未出城延至初九日該員等暨護送委員李嘉奎等備文移催並具禀淮揚道於初十日午刻該縣許知機始行赶至添夫打冰是日只行五里查看冰勢非一二日所能打通即於申刻赶回料理由陸起程仍一面打冰開路迎到夫馬即行登陸等情禀報前來臣等查初三四風雪交加至十一二等日北風競作異常寒冷河冰凍結堅厚係屬實情然差務緊要該地方官理應親身儹護如果水路難行即應赶備夫馬改由陸路前進乃該縣許知機並不躬親照料實屬玩視馳延除飛飭揚州府知府黄在厚即日馳往督率赶備夫馬尅期儹護並飛行淮揚道府督屬預備人夫車輛接護遞行加緊前進務期以速補遲勿再稍有稽滯外所有護送馳延之寶應縣知縣許知機相應恭摺

奏叅請

旨交部嚴加議處以示懲儆為此具

奏伏乞
皇上聖鑒謹
奏
另有旨
道光二年十二月　十七　日

奏報起解參斤變價銀兩事

兩淮鹽政臣曾燠跪
奏為起解參斤變價銀兩恭摺奏祈
聖鑒事竊於道光元年六月初六日前鹽政臣延豐任內准內務府劄發奏交兩淮四等參五斤二兩每兩四百換又四等參四斤每兩四百換五等參五斤四兩五錢每兩三百換又另發五等參二十七斤例價加價三百二十換渣末十一斤例價加價一百三十換泡丁八斤例價加價一百一十換共應變價銀二十一萬五千七百五十兩又吉林私參等項應變價銀一萬五千八十三兩二錢五分當經前鹽政發商承領變

價在案今據鹽運使張青選詳稱前項奉發叅
斤總共應變價銀二十三萬八百三十三兩二
錢五分已據各商陸續繳納齊全委員分四批
領解於道光三年八月初三等日接續起程解
赴内務府廣儲司交納等情據此除飭令各委
員小心管解一面咨明内務府查照並咨行沿
途地方文武撥護外理合恭摺奏
聞伏乞
皇上聖鑒謹
奏
該衙门知道
道光三年八月廿日

奏報拿獲鹽梟交甘泉縣收審并將私鹽估變充賞事

臣孫玉庭跪
奏再回空糧船南下每多梟徒興販偷運上船越
境銷售致礙官引經臣飭令沿河文武按段巡
緝茲據揚州營叅將張佑溪稟報卲伯汛千總
楊長齡外委楊廷貴帶兵協同委員候補運判
單壯圖家丁包升在於甘泉縣屬蕭家口河邊
巡遇划船四隻均載私鹽當獲梟販王富林劉
添才談鳳山謝潮和四名起獲私鹽大小四百
零二包時有甘泉巡役王正等一同協獲人犯
移送甘泉縣收審私鹽觧赴鹽政衙門秤重一
萬一千五百八十五斤交明同船隻估變充賞

等情查該員弁督帶兵役緝獲重載私船人鹽
併獲巡查尚屬認真除飭縣嚴審按律究辦現
在江廣回空糧船尚未過揚仍飭該將會督員
弁實力巡緝毋稍透漏外理合附片奏
聞謹
奏

所奏俱悉可見卿督率認真盡
心公務文武員弁莫不用命也可嘉
之至

協辦大學士兩江總督孫玉庭
道光三年十月十五日

奏報籌議兩淮積引帶款章程事

三品卿銜兩淮鹽政奴才福珠隆阿跪
奏為瀝陳淮鹺疲敝根源籌議積引帶款章程可
歸年清年款以收實效以復全局恭摺
奏祈
聖鑒事竊照兩淮財賦之地
國家經費所資關係甚鉅全在岸暢引銷方得綱
清課足奴才於上年十一月到任後嚴飭各屬緝
私疏引並曉諭各商竭力辦運完課無如完納
錢糧未見踴躍庫貯解支總形支絀當即督同
運司鄭祖琛嚴追一面詳細推求始知淮鹺積

做之故事非一端時非一日若不亟求治法恐
引目課項竟無清理之時深為焦懼伏查兩淮
先課後鹽招商辦運立法之初課則本輕成本
亦賤商人獲利較豐迨後帶交漸多成本漸重
商人不能稍沾餘利漸致裹足不前則岸銷因
之愈絀歷來司鹾務者每於引積課滯無可設
法不得不墊報
奏銷及至墊報過多或請展綱分帶或請銳銷融
銷雖為疏通引課起見殊不知展一綱必提早
一月之限是一綱少一月之期帶一綱必加增
一分之引是一綱多一分之額期促額增勢必
遞相積壓此積引之根也融一引即墊完一引
之課是一綱多一分之銀銳一綱即帶賠一綱
之款是一綱又多一分之課完前積後此積課
之源也因缺銷而積引因積引而積課迨至引
課交積銳賠展帶成本增重轉運愈艱而每年
例應解支之款有必須按年支發者如河兵各
餉俸工巡費及一切辦公善舉等款勢不能不
隨時墊撥及遇有緊餉立須提納商人設法借
智貼色貼息無計不施雖濟急於一時實增累

於全局以致運庫新舊正雜各款萬不能不通
融解支有未徵而以他款墊放者即有已徵而
為他款撥用者或分綱議還或下綱攤帶款目
糾紛層積疊壓按之簿冊則俱有著落考之庫
貯則挪墊實多此引與課交積即商與庫交累
之由也議鹽法者或就引而言以為
盛世滋生何致額銷轉多壅滯不知歷久缺銷所積
實較常年額引為多查前任鹽政臣張青選於
上年
奏明清積展新案内請將殘引趕於六月運竣丙
戌綱展至戊子二月
奏銷並因綱限遞遲一年聲明俟灑帶戊寅完竣
抽出辛卯一綱再分十年帶運以復年額乃計
算月日僅止十五六月以十五六月之期欲銷
三百數十萬之引事本難期以致新殘雖請運
過二百餘萬引而現在未運各引尚有一百數
十萬道是勉副一年之額尚積一綱之引況帶
運戊寅一分尚未完竣即帶完之後又帶辛卯
一分年復一年帶而又帶此引多難疏之情形
也或就課而言以為

國家大經大役從前淮商無不竭力輸誠何致近
歲愈形支絀節查兩淮額解正雜各課及內外
帑利參價共計四百餘萬兩自嘉慶十二年起
至道光六年止統計二十年之中共解過內外
餉銀八千一百數十萬兩均勻牽算每年亦祇
四百餘萬兩其時商捐之項係將正雜錢糧墊
撥均在此數之內即加價亦併計在內較之常
年應解之額並無增多蓋課從引出引藉商運
每年運引祇有此數商力納課亦祇有此數乃
近年額課四百餘萬之外又加清查案內帶款
一百數十萬兩而帶引融引各課亦復每歲加
增迨至上年加價商捐同時並舉核計丁亥一
年解過新舊正帶內外各餉及加價商捐共銀
六百萬兩不特較常額為多且為二十年來所
僅有是以商力極疲庫貯愈絀輾轉設法幾至
無可掩墊而現計欠解內外正雜各款尚有六
百九十餘萬兩是雖解逾一年之額乃因挪墊
而佔擱解款又因帶款而稽遲例課此課多積
累之情形也或就引課交積而推論商與庫交
累之由以為道光二年清查四千數百萬兩分

綱帶徵各歸各款商力可紓何致庫項仍多挪
墊商力仍形竭蹙此由於積引過多數載以來
口岸既不能年額年銷則庫支仍不能各歸各
款況從前
奏明懸墊九百數十萬兩除將解款劃抵外不敷
銀三百數十萬兩分甲申五綱歸還現尚有丙
丁戊三綱未歸銀一百五十餘萬兩仍屬挪墊
套搭之根玆丙戌銷未及半丁亥尚未開綱則
兩年之歲支雜項萬不能待綱竣開支計又墊
支銀二百二十餘萬兩統計新舊懸墊銀三百
八十餘萬兩現在戊子年分仍須墊撥不特懸
墊之源未清即懸墊之流亦不能截此引與課
交積即商與庫交累而懸墊勢難截清之情形
也凡此數端皆數十年積漸而成之勢日累日
深琴自到任以來反復推求周諮博訪欲思年
清年款之方必先為年運年銷之法然積引積
欠如此之多懸墊套搭如此之甚又值商力極
疲之時非破格大加整理不能收效因逐日督
同運使傳集各商嚴行催追並飭公同集議無
許稍有遷就敷衍亦不得祇請調劑總期一勞

永逸全復舊規茲據運使鄭祖琛詳據淮南北
總散各商稟稱兩淮因積引遞壓辦殘引即不
能辦新引是以引目不能年銷年額應請將淮
南丙戌半綱丁亥一綱及丁亥以後灑帶戊寅
各引並淮北乙酉殘引及丙戌丁亥兩綱引目
全行銳銷情願賠課自戊子年起專辦戊子新
引如本綱稍有積剩即於當年賠完錢糧其中
淮南之江西寧國上江等岸行銷疲滯淮北道
遠運艱商力尤乏若俱照舊運行恐致仍有積
壓應請將江西寧國上江分別七八折行鹽完
納十分課項淮北改三引為四引併包止完正
課以輕科則兩省運費所有江西等岸賠折引
課及淮北雜款均歸淮南通綱代還限以五年
歸復十分運行之額如此則引目必可年額年
銷不致再有壅積又兩淮因積欠餉銀為挪墊
歲支佔擱套搭以致前欠清而後欠又積是以
正雜各款不能年清年款應請將前後挪墊歲
支各款於欠解積餉內劃抵清楚入於賠課項
下分年帶徵帶解戊子年專辦戊子新綱一切
正雜錢糧按期起解則課項年清年款可無絲

毫拖欠至應賠現請銃引懸墊欠解各款錢糧
及清查案内舊欠如仍照歷年展帶各案即於
現綱起徵分帶成本愈形喫重恐蹈有名無實
之故轍應請俟五年復額後於癸巳綱起將前
項分十綱帶完其清查案内舊欠各款於癸卯
綱起接續起徵仍照原限分二十七限帶完如
此再無絲毫轇轕新章永守舊病咸除其辛卯
綱引毋庸提出分年帶運等情經詳核所議銃
殘帶之積引籌難銷之滯引則引可年額年銷
寬銃賠之帶款完本綱之新賦則課可年清年
款均屬核實辦法可收實效惟須嚴定章程以
昭法守復督同運使確切核議自戊子年起於
綱首滚總按四季行鹽之法以十二個月為分
數上季不還下季即按名勒追不得過
奏銷之限倘有取巧藉詞拖欠錢糧之玩商立予
勒限監追如監追不完查抄治罪所欠課項責
令通綱於當年賠完不准稍有藉延及另綱攤
帶據總散各商出具連環切結由司詳請核
奏前來經覆查歷届銃銷之案皆因祇籌已往未
計將來以致旋銃旋積賠累徒滋今定為年銷

年額之法江西等滯岸既已折減運行淮北又
增引併包省費斷不致再有積滯設或稍有尾
零存積即於綱竣時隨銃隨賠不使帶入新綱
既可綱隨年清亦復課隨綱足要非從前徒請
銃銷者可比再四熟籌與其積前壓後墊報
奏銷徒有應解之虛名而無全完之實效轉致淮
綱凋敝日深無所措手莫若徹底清釐將以前
積引全銃讓出地步俾得專辦新綱引課其應
繳現請銃賠及挪墊劃抵積餉並清查案內舊
欠各款寬以年限再行分帶藉復元氣以廣招
徠核計每年仍有實課四百餘萬兩應解無虞
支絀而此外加價一百數十萬兩雖係取之於
民亦從引鹽所出是較之二十年來解數實有
多餘於
國課商情均有裨益合無仰懇
聖主逾格恩施俯如所請將淮南丙戌正帶半綱淮
北丙戌乙酉各引及遞遲之淮南北丁亥全綱
並丁亥以後淮南灑帶戊寅各引目統計三百
三十三萬七千六百十八道全行銃銷一面將
淮南北留運丙戌以前殘引趕於本年二月

奏銷期內掃數銷完不使片引留佔戊子新綱即自戊子年開辦戊子綱按四季行鹽之法嚴行督催應解正雜錢糧部庫內務府京外各省帑利各款銀三百八十餘萬兩應報撥者入於春秋季報候撥應分解者分兩次起解上半於十月內解完下半於次年二月

奏銷後四月內解足每年叅斤變價銀二十餘萬兩仍照向例變解鹽斤加價銀一百八十餘萬兩仍遵部議由司道各庫按三個月報部候撥其江西寧國上江等口岸分別七八折行鹽應完賠折內外正雜課項約四十餘萬兩又淮南商人代賠淮北內外雜款銀約十餘萬兩均於本綱賠完不留絲毫蒂欠如有取巧藉詞拖欠錢糧之玩商立予勒限監追如監追不完查抄從重治罪所欠之課責令通綱當年賠完如運司不據實詳辦將運司

奏請交部議處鹽政不據實奏辦將鹽政交部議處永為定章所有應賠丙戌以前銳引解款及挪墊歲支劃抵欠解各款共銀六百九十一萬餘兩並遞遲之丁亥及帶戊寅銳引應賠解款

銀四百八十餘萬兩懇
恩俟賠折江西等口岸課項五年復額後即自癸巳
綱起將前項應賠鋭引各解款共計一千一百
七十一萬餘兩分十綱帶徵其清查案內舊欠
各帶款原定甲申起分三十限帶完除已完三
限銀兩外尚有二十七限自癸卯綱起仍按原
限接徵歸款至前鹽政臣張青選
奏請辛卯分綱帶運之案並請註銷如此徹底清
釐寬其數十年來套積之虛名責以常年必供
之額賦引既豁然一清課亦終歸有著引目課
賦必可年清年款不揣冒昧通盤籌計
奏懇
皇上格外恩施得以挽回全局如蒙
聖明俯鑒俞允另容奴才逐款詳細造冊咨部所有籌
計全局緣由奴才與督臣蔣攸銛往返札商亦以
爲此時兩淮鹽務若不疏通積引緩舊徵新更
無補救之法意見相同謹會同恭摺具
奏並繕清单敬呈
御覽伏乞
皇上聖鑒訓示謹

奏請將兩淮鹽務改歸兩江總督管理以肅鹽政事

奏

軍機大臣會同戶部覈議具奏單併發片留覽

道光八年正月二十七日

奏為請將兩淮鹽務改歸督臣管理以肅鹺政而

臣王鼎
臣寶興 跪

收實效仰祈

聖鑒事竊臣等遵

旨會同督臣陶澍籌議整飭兩淮鹽務章程現已恭

摺具

奏如能按照新定條款實力奉行自必課充銷暢

蕪可價賤敵私惟臣等再四思維鹽務疲敝之

由總緣鹽政無管轄地方之責文武員弁既非

否有當理合繕摺具
奏伏祈
皇上聖鑒
訓示遵行謹
奏
另有旨
道光十年十二月十三日

奏報籌議淮北試行票鹽設局收稅章程事

兩江總督管理鹽務臣陶澍跪
奏為淮北湖運綱鹽滯岸及食鹽各岸試行票鹽
酌議設局章程仰祈
聖鑒事竊臣前因顧純梁中靖卓秉恬等條奏有鹽
歸場竈設局徵稅之議經臣核議以兩淮鹽課
甚重若改歸場竈恐致價隨稅長場鹽偷漏必
多課稅更絀未敢輕議更張惟淮北滯岸久已
無鹽接濟商疲課絀必須另籌辦理請仿照浙
江山東票引兼行之法於海州所屬之中正板

浦臨興各場設局抽税並委降調淮揚道鄒錫
淳前往查辦一切章程仍與署運司俞德淵會
議妥辦奏蒙
恩准在案茲據鄒錫淳帶同委員分路查勘情形會
同署運司俞德淵籌議設局收税章程具詳請
奏前來臣復逐加查核所有淮北綱鹽共行安徽
河南兩省四十一州縣内除安徽江運八州縣
暨安徽河南湖運暢岸十一州縣近雖商疲引
積尚非極敝之區有商認運者仍令商辦其商
力支絀不能兼顧者官督商運一切照舊辦理
外惟安徽之鳳陽懷遠鳳臺靈壁阜陽頴上亳
州太和蒙城英山泗州盱眙天長五河河南之
汝陽正陽上蔡新蔡西平遂平息縣確山二十
二州縣例由湖運稱為極滯久已商逋課欠配
運不前歷年以來屢施調劑之方迄無成效又
江蘇之山陽清河桃源邳州睢寧宿遷贛榆沭
陽八州縣係淮北食鹽口岸向因私充官滯錢
糧由綱商攤帶食商行無課之鹽近則費重銷

純食商配運亦復寥寥計滯岸二十二州縣内除天長一縣運道例由山陽寶應入高郵湖與淮南引地錯雜應仍歸商運以固藩籬外其餘二十一州縣應與食岸八州縣一律變通改行票鹽以資補救又安東海州兩州縣鹽法志載逼近鹽場例不銷引查安東距最近之板浦場已一百餘里較沭贛距場為遠海州逼近場地原可參用籌鹽之法惟淮北私梟並不赴場總係掃丁挑赴數十里外各村鎮賣與秤手頭家轉售梟販若籌鹽一行此風仍難盡絶且緝私各卡因有籌鹽名目其不肖者必致任意賄縱一經拏獲私販必藉口買自籌擔而透私之場丁與得賄之兵役皆得置身事外亦應與安東改行票鹽以歸畫一或以票鹽有課居民食貴為慮不知海州東南北三面皆場得鹽甚易日食所資無須籌擔其零觔購用原無票稅可言況以現定科則計之居民即日食票鹽三錢亦終歲不過用銀二分零不足病民而籌擔一靖

實可杜私未便瞻顧致誤全局至鹽法首重緝私而滯岸尤私鹽薈萃之所緝私從嚴一分則票鹽多銷一分現在勘定要隘即於鄰近場地之海州東海錢家集三營挑派千把外委十一員兵二百七十名分卡巡防如果實力查緝銷數漸旺由臣隨時獎拔倘視為具文虛糜巡費即將弁兵斥革懲辦務使信賞必罰以收實效至局商必須得人方不至勾結奸販致啟影射夾帶之弊現據遴保運商王允泰等承充臣仍飭該運司委員等隨時查察倘有弊端立即斥革懲辦所有籌議設局收稅章程謹另繕清單

恭呈

御覽臣一面移咨皖豫兩省出示招徠民販赴場領票買鹽至票鹽事關創始必有以少課及姦販滋弊為虞且慮旁侵暢岸漸及淮南者然淮北自十數年來引滯岸懸幾於無課可收且虛糜調劑銀兩不下百萬此時淮南商困未甦何能再籌款項調劑淮北且如辛卯一綱淮北配運

不及十分之二各岸久為私販佔據令民販之
赴場既由州縣給照票鹽之出場又有卡員驗
放與其任無課之私鹽肆行侵佔又不若行少
課之票鹽尚有稽查其湖運暢岸與淮南各岸
果能畫界自守則非商運之鹽不能侵越若巡
緝疎懈私鹽且將充斥又何責乎票鹽現值商
力疲極課項久懸而各岸又需鹽甚急接濟為
難舍此亦别無籌策臣惟有督飭運司及鄒錫
淳等妥帖經理如果行之有效課稅漸充再行

推廣辦理倘有流弊亦無難即行停止所有籌
議淮北試行票鹽設局收稅章程各緣由理合
恭摺具
奏伏乞
皇上聖鑒訓示謹
奏

依議妥辦户部知道

道光十二年五月初四日

奏報查明淮南鹽務情形酌議現辦章程事

兩江總督臣李星沅跪

奏為查明淮南鹽務酌議現辦章程恭摺奏祈

聖鑒事竊臣前因淮綱銷路未暢當合全局通籌附

片陳明奉

硃批認真妥辦欽此伏思兩淮鹾務為

國家度支所關淮北改行票鹽著有成效淮南課

額較重銷數易虧歷年總無起色臣甫膺

重寄考覈攸資敢不勉力承當悉心補救此次道經

揚郡與運司但明倫講求體察復隨時博訪輿

論詳稽案牘以期因革權衡竊惟課之來源在

乎引引之去路在乎銷必有年銷年額之鹽乃

有年銷年額之課如丙午等年五綱經前督臣

奏准推展減運原為帶銷殘引查近年楚西兩岸

捆運引數總在八十萬左右乃本年春秋二單

截至九月共止運過三十餘萬引不及上屆運

數之半正額尚多短缺殘引安望運銷且聞楚

西存鹽多至一百餘萬引在揚未運及已派未

認者又多至一百六十餘萬引商本佔閣不貲

後運轉輸非易此引鹽壅積之情形也至減運

正項雖應照額全完而雜款分帶未免遞有延

緩從前運庫實貯銀三百數十萬兩即二十五年六月運司但明倫接收交代庫存亦幾及二百萬兩現在運庫存銀止一百數十萬兩而先後奉撥甘肅兵餉軍需均係緊款必須迅速解交此外如內務府節省銀兩並外省鹽規匣費利息等項均各需用孔殷河南賑恤米價尤為緊要亦須分別緩急次第籌解設再撥放滋繁庫貯即難周轉此課項支絀之情形也揆厥所由官以畏難而因仍商以畏累而機巧成本增於雜費行銷滯於售私年復一年幾同痼疾若不於減運期內上緊設法疏通屆限斷難復額課源日塞庫藏日虛辦理從何措手茲當丁未開綱伊始先以內清場私外截鄰私為急則治標之計本年回空糧私業經臣奏奉

諭旨查禁其川私粵私潞私浙私亦均咨行堵緝並嚴飭各場稽查火伏收繳廢鐵不准視為具文又引船夾帶向來為害最鉅經臣專委幹員會營扼要搜查即在揚州仙女廟報獲一起夾私至一百十五萬九千餘觔又在江寧下關報獲一起夾私至三萬二千九百餘觔均即提省審

辦他如慎出納以重庫貯提緩課以備解支派
懸引則綱額悉清刪繁文則商本暗減配運殘
引可漸疏銷提售新鹽可免停積裁浮糜巡費
以備收買竈鹽禁捏報淹消以防船戶盜賣謹
酌議章程八條另繕清單恭呈
御覽臣仍督同運司因地因時務全大局凡有裨益
課運應為酌劑變通之處容再相機策畫分別
奏咨遵
旨認真妥辦總期治人治法相輔而行殫竭愚誠徐
圖整理仰副

聖主垂廑偶筴之至意所有查明淮南鹽務酌議籌
辦緣由理合恭摺具
奏伏乞
皇上聖鑒訓示謹
奏
勉力為之務期日有起色戶部
議奏單併發

道光二十七年九月 十八 日

奏爲致仕大學士阮元應否與謚請旨定奪事

禮　部　尚　書臣惠豐等謹
奏為請
旨事道光二十九年十一月初四日内閣抄出初三
日奉
上諭致仕大學士阮元由翰林洊躋卿貳久任封圻
朕御極以來優加倚任特畀綸扉宣力中外五十
餘年學裕識優勤勞懋著道光十八年以老疾乞
休因其年逾七旬曲加體恤准予致仕並在籍食
俸丙午科重與鹿鳴筵宴晉加太傅方期恩施疊
沛永享遐齡茲聞溘逝殊堪悼惜阮元著加恩照
大學士例賜卹所有原任内一切處分悉予開復
伊子候選知府阮祜著俟服闋後遇有知府缺出
即行選用廕生阮孔厚及伊孫舉人阮恩海均著
俟服闋後交部帶領引見候朕施恩用示朕篤念
藎臣優加飾典至意應得卹典該衙門察例具奏
欽此臣等查定例内開一品官病故
恩予卹典者給與全葬銀五百兩一次致祭銀二十
五兩
遣官讀文致祭應否與謚請
旨定奪凡與謚者内閣撰擬謚號工部給碑價銀三